N. KRYLENKO

Terreur rouge
et
Terreur blanche

BUREAU D'ÉDITIONS
de Diffusion et de Publicité
132, Faubourg Saint-Denis
PARIS - 10e

Terreur rouge et Terreur blanche

Dans une communication officielle du 10 juin, le gouvernement des Soviets informait les travailleurs de l'U.R.S.S. et du monde entier que, par décision de la Direction de la Police politique (*Guépéou*), organe chargé d'assurer la sécurité de l'Etat ouvrier et paysan contre ses ennemis de classe, on avait exécuté 20 contre-révolutionnaires s'occupant d'espionnage, qui s'étaient introduits sur le territoire de l'U.R.S.S. pour y préparer des attentats terroristes contre les chefs de la révolution prolétarienne, faire sauter différents édifices et espionner au profit de l'impérialisme anglais.

Conformément à cette décision, ont été fusillés :

Paul Dmitriévitch Dolgoroukov, ancien prince, grand propriétaire foncier, chef du parti cadet bourgeois-libéral, qui s'était réfugié avec les débris de l'armée de Wrangel à Constantinople, s'était transporté ensuite à Paris, y avait organisé un comité national de gardes-blancs, puis, en 1926, s'était introduit sur le territoire de la République d'Ukraine pour y organiser un groupe d'espionnage monarchiste contre-révolutionnaire;

Georges Evguéniévitch ELVENGREN, ancien capitaine du régiment des Cuirassiers de la Garde, qui avait dirigé en 1918/19 l'insurrection de Carélie, avait participé en 1921 à l'organisation contre-révolutionnaire Tagantsev de Léningrad, avait pris part à l'émeute de Cronstadt, avait été un des principaux lieutenants de Savinkov dans l'organisation de gardes-blancs dénommée *Union de Défense de la Patrie et de la Liberté*, avait aidé ce même Savinkov, conjointement avec l'officier-aviateur du contre-espionnage anglais George Sidney Raily, à organiser des attentats terroristes contre les chefs des républiques soviétiques, avait également organisé l'assassinat du camarade Vorovsky, avait préparé un attentat contre Tchitchérine en France et s'était introduit illégalement sur le territoire de l'U. R. S. S. en 1926 pour y procéder à une large organisation de groupes contre-révolutionnaires et terroristes.

MALÉVITCH-MALEVSKY, ancien noble et officier de la garde au service de l'*Intelligence Office* anglais, qui l'avait envoyé en 1927 en U.R.S.S. pour y faire de l'espionnage;

Et encore 17 agents de la contre-révolution, traîtres et coquins avérés.

Après la mise à sac des locaux de la représentation commerciale soviétique à Londres et la rupture des relations diplomatiques et commerciales entre l'Angleterre et l'U.R.S.S.; *après* l'assassinat de l'ambassadeur de l'Union soviétique, le camarade Voïkov, tué à Varsovie par le garde-blanc Kowerda; *après* l'acte terroriste accompli à Léningrad contre des membres du personnel enseignant rassemblés dans un club communiste et dont une trentaine furent blessés par deux bombes lancées dans le local (à noter qu'un tiers d'entre eux étaient des sans-parti); *après* la découverte d'attentats prêts à être mis à exécution contre les camarades Boukharine, Staline, Rykov, Pétrovsky et une série d'autres; *après* la découverte d'un attentat qui consistait à faire sauter la maison située à côté des locaux de la *Guépéou* sur la Loubianka et que l'on réussit tout juste à prévenir; après tout cela, disons-nous, l'exécution ordonnée par la *Guépéou* n'a été rien d'autre qu'un acte de défense de la part de l'Etat prolétarien et travailleur contre des ennemis déclarés, qui non seulement ne se sont pas cachés de leurs actes mais qui, dans leurs dépositions, ont reconnu nettement et ouvertement que le but de leur séjour en U.R.S.S. était de mener la lutte terroriste contre l'Union soviétique, d'espionner pour le capital étranger et de causer le plus de dommage possible à l'Union des Républiques socialistes.

Dans ces conditions l'exécution, comme nous l'avons dit, n'a été qu'un acte de défense, et tout ouvrier, tout paysan qui n'a pas perdu la faculté de raisonner et d'appeler les choses par leur nom ne peut juger cet acte autrement. Tout ouvrier, tout travailleur, et même tout citoyen honnête envers lui-même ne peut pas ne pas reconnaître que, dans de telles conditions, le gouvernement soviétique *ne pouvait agir autrement*, que le pouvoir prolétarien n'a fait que ce qu'il devait faire.

Devant la menace de guerre, devant les conférences et les conciliabules des manitous du monde capitaliste, il est impossible d'agir autrement. Aussi les ouvriers et les paysans de toute l'U.R.S.S., et pas seulement de Moscou ou de Léningrad, ont-ils approuvé la manière vigoureuse employée par le gouvernement à l'égard des espions et des contre-révolutionnaires. Néanmoins, après cette exécution de gardes-blancs, la presse bourgeoise du monde entier, et pas seulement la presse bourgeoise mais aussi les journaux d'individus qui ont encore le front de s'intituler socialistes, ont poussé des cris d'indignation hypocrites, accusant le gouvernement soviétique de revenir à la terreur, de fusiller à tout bout de champ, de procéder à de barbares exécutions sommaires, etc., etc.

En même temps que la bourgeoisie, les menchéviks russes appartenant à la IIe Internationale poussent également des cris d'indignation hypocrites, organisent des protestations truquées, des enquêtes parmi les milieux libéraux d'Europe, exigent de l'Union Soviétique qu'elle renonce aux exécutions et qu'elle cesse de poursuivre les partis politiques qui mènent en U.R.S.S. une action traîtresse et préparent le renversement du gouvernement soviétique.

Nous ne pensons pas que les ouvriers et les travailleurs ne reconnaissent pas au gouvernement prolétarien de l'U.R.S.S. le droit de recourir à ces actes de défense et à ces mesures de répression contre des gardes-blancs, des espions et des traîtres avérés comme les ennemis susmentionnés de l'U.R.S.S. que l'on a fusillés.

Mais comme les social-démocrates, les menchéviks et les s.-r. cherchent à profiter de l'occasion pour relever leur crédit politique, comme ils s'efforcent d'exciter à ce propos l'opinion publique des masses laborieuses d'Europe contre l'U.R.S.S. afin d'arracher au pouvoir soviétique les traîtres qu'il tient en mains, comme ils veulent conquérir le droit et la possibilité de travailler sans obstacle sur le territoire de l'U.R.S.S. pour y renverser le pouvoir soviétique, force nous est de nous arrêter sur l'argumentation de ces individus.

Nous jugeons nécessaire d'examiner attentivement leurs arguments, d'opposer des faits aux faits afin de dévoiler tout le mensonge et l'hypocrisie des clameurs et des vociférations poussées par les social-démocrates et de montrer à tous les travailleurs la physionomie véritable de ces traîtres.

A quoi se réduisent les cris d'indignation, les plaintes et les revendications des menchéviks, des s.-r. et autres champions de la IIe Internationale au sujet des mesures que le pouvoir soviétique applique contre eux quand ils se dressent contre ce pouvoir sur le territoire de l'U.R.S.S. ?

Ils nous accusent d'employer la terreur, ils accusent l'Union soviétique de recourir à la terreur rouge contre ses ennemis, de même que la bourgeoisie recourt à la terreur blanche, ils nous reprochent de lutter résolument, impitoyablement non seulement avec les contre-révolutionnaires semblables à ceux dont nous avons parlé plus haut, mais aussi avec eux, menchéviks et s.-r., ils nous accusent de les tenir en prison, de les déporter, de ne pas leur permettre de propager librement, ouvertement leurs vues et leurs idées.

Ils nous donnent en exemple les gouvernements bourgeois qui accordent l'amnistie aux communistes, alors que nous ne leur accordons, à eux, menchéviks, aucune amnistie. Bien plus, ils poussent l'hypocrisie et l'impudence jusqu'à s'indigner quand nous proposons d'échanger les communistes enfermés dans les prisons capitalistes pour leur action révolutionnaire en vue du renversement du régime capitaliste en Europe occidentale contre leurs confrères qui sont emprisonnés chez nous et que nous consentons à expédier au delà de nos frontières, leur donnant ainsi la pleine liberté de faire ce qu'ils veulent à l'étranger, mais pas chez nous en U.R.S.S.

Leur indignation atteint le comble de l'impudence quand ils osent exiger chez nous la liberté de propagande pour le renversement du pouvoir soviétique parce que, selon eux, nous aussi nous réclamons des gouvernements bourgeois la liberté de propagande pour les communistes qui prêchent le renversement du régime capitaliste en Europe occidentale.

En même temps ils déclarent pour leur justification:

1° Qu'ils n'ont jamais cherché et qu'ils ne cherchent pas à l'heure actuelle à organiser des insurrections contre le pouvoir soviétique;

2° Que, bien plus, ils ont même aidé le pouvoir soviétique à lutter contre l'intervention des Etats étrangers, contre les armées de Dénikine et de Wrangel;

3° Que, néanmoins, on les tient en prison parce qu'on craint la propagande légale de leurs idées.

Enfin ils protestent contre le fait qu'on les tient en prison, qu'on les déporte « sans jugement » et que, dans nos prisons, on les « outrage » et on les « torture ».

En outre, ils déclarent que : 1° ils n'ont jamais été en liaison avec le gouvernement conservateur anglais ; 2° qu'ils n'ont jamais profité du soutien des impérialistes français ; 3° qu'ils n'entretiennent aucune liaison avec l'état-major de Pilsudski. Ils qualifient tout cela d'absurdité, de calomnies infâmes contre leur parti et exigent des preuves publiques des accusations portées contre eux.

Voyons donc où est la vérité et qui ment aux ouvriers et aux travailleurs d'Europe occidentale, qui les trompe sciemment par des assertions fausses, qui leur cache la vérité, et quel but politique poursuivent ceux qui cherchent à les abuser.

Oui, nous reconnaissons que, en période de dictature du prolétariat, il est nécessaire et rationnel, pour la classe ouvrière qui construit la société communiste, de se venger cruellement, impitoyablement, de ceux qui cherchent à faire échouer l'œuvre d'édification communiste. Tant que nous serons entourés d'Etats bourgeois armés de pied en cap s'efforçant par tous les moyens de détruire l'Etat soviétique, nous considérerons que ce procédé est un attribut indispensable de la dictature de la classe ouvrière. Bien plus, nous estimons que c'est le *seul moyen de tenir dans l'obéissance* les anciens exploiteurs, grands propriétaires fonciers et capitalistes, d'inspirer la crainte à la bourgeoisie afin qu'elle ne nous fasse pas obstacle, et c'est pourquoi renoncer à ce procédé serait un crime devant la classe ouvrière et la paysannerie.

Tant que la classe ouvrière d'Europe occidentale ne s'est pas soulevée, tant que les gouvernements bourgeois armés de pied en cap subsistent, tant que nous sommes menacés à l'extérieur par des interventions militaires, à l'intérieur par des insurrections organisées avec l'argent des gouvernements impérialistes, qui cherchent un prétexte pour intervenir par la force contre les bolchéviks, jusqu'à ce moment, disons-nous, nous devrons user et userons de la terreur.

Enfin, nous estimons que c'est là le seul mode d'action, la seule voie dans laquelle s'engagera inévitablement le prolétariat de n'importe quel pays quand il créera et consolidera son propre pouvoir et organisera chez lui la production socialiste.

Telle est la première réponse que nous donnons à messieurs les menchéviks.

En même temps, sans aller plus loin nous poserons une deuxième question : A quoi s'efforcent, dans quel but travaillent messieurs les social-démocrates russes, s.-r., menchéviks et autres adeptes de la IIe Internationale quand ils s'indignent hypocritement que nous ne leur permettions pas de prêcher librement leurs opinions chez nous, d'agir librement au détriment de l'Etat soviétique et que nous les tenions dans les geôles ou que nous les déportions ?

Il n'y a pas très longtemps l'organe central du parti ouvrier social-démocrate allemand, le *Vorwaerts*, dont aucun social-démocrate russe ou étranger ne reniera l'idéologie, a publié un article de Karl Kautsky, leader incontesté de la social-démocratie allemande, ex-révolutionnaire et maintenant renégat éhonté et traître à la révolution sociale. Dans cet article, consacré à la rupture du gouvernement conservateur anglais avec les Soviets et intitulé : « Le conflit anglo-russe et la libération du Caucase », Kautsky commence par communiquer que la rupture anglo-soviétique a provoqué « parmi les Caucasiens » (c'est-à-dire parmi les menchéviks caucasiens) une forte effervescence et des discussions animées sur la question de savoir *s'il convient de profiter de la situation*, et si oui, *de quelle façon*. Les « révolutionnaires arméniens » ont demandé à Kautsky « quelle était son opinion sur la participation des révolutionnaires caucasiens à une intervention éventuelle de l'Angleterre contre la Russie bolchéviste ». Quelques-uns d'entre eux, déclare Kautsky, fondent de grands espoirs sur une telle participation.

Qu'est-ce à dire ? Pour le lecteur intelligent, il est clair qu'il s'agit de l'*organisation d'une intervention armée sur les derrières du gouvernement soviétique* au moment d'un conflit éventuel entre ce dernier et l'Angleterre ; autrement dit, il s'agit d'une intervention organisée et concertée des « socialistes », des menchéviks du Caucase ligués avec le gouvernement conservateur anglais contre l'Union soviétique. Il s'agit d'une *intervention armée en union avec les impérialistes et de rien d'autre.*

Quel conseil donne Kautsky à ce sujet ?

> Contrairement à beaucoup de nos camarades de parti, dit-il, je considère comme très probable que cette dictature [la dictature bolchéviste], comme tout régime plus ou moins dictatorial qu'ait connu jusqu'à présent l'histoire, ne pourra être éliminée *qu'au moyen de l'insurrection.*
>
> Je juge erroné et dangereux de flétrir d'avance toute insurrection semblable comme contre-révolutionnaire et de *convier la social-démocratie à s'élever contre de telles interventions* et à prendre la défense du bolchévisme.

Telle est la première réponse que donne Kautsky. Et l'on ne saurait interpréter cette réponse autrement que comme un *assentiment à l'organisation de l'insurrection* dans certaines conditions, et même comme une déclaration que *l'insurrection est le seul moyen* permettant d'arriver à la liquidation du pouvoir bolchéviste. A la deuxième question qui lui a été posée par les « révolutionnaires arméniens » : Peut-on soulever une insurrection en alliance avec le gouvernement conservateur anglais ? Kautsky, il est vrai, donne une réponse négative, mais cela non pas parce qu'il considère en principe une telle alliance comme inadmissible, mais simplement parce qu'il la juge désavantageuse en ce moment.

A l'heure actuelle, dit Kautsky, nous voyons « s'user » un fort gouvernement réactionnaire et se fortifier une démocratie prolétarienne. Dès demain cette dernière pourra venir au pouvoir en Angleterre. C'est pourquoi se lier les mains par l'union avec un gouvernement près de crouler comme le gouvernement Baldwin, c'est commettre une folie manifeste.

Ainsi le conseil de Kautsky est celui-ci : « Attendez que le gouvernement Baldwin, qui demain peut s'effondrer, s'effondre, attendez qu'un gouvernement moins « usé » vienne au pouvoir ».

C'est pourquoi, dit Kautsky en terminant, « *nous devons laisser ouvertes toutes les voies qui, compatibles avec nos principes,* mènent à ce but ». Et il répète encore une fois : « *Il serait prématuré de condamner d'avance l'insurrection* ».

Voilà ce qu'écrit Kautsky,

Nous n'avons rien à ajouter à ces paroles. Que reste-t-il après cela de l'affirmation des social-démocrates qui déclarent que les menchéviks ne se sont jamais assigné, ne se sont jamais efforcés, n'ont même jamais posé la question de l'organisation d'une insurrection armée ? Nous verrons plus loin s'ils ne se sont jamais posé cette question, *mais maintenant le fait est qu'ils se la posent,* car tout le monde connaît le rôle que les menchéviks jouent au Caucase, en particulier en Géorgie ; tout le monde connaît le rôle que jouent dans l'émigration d'Europe occidentale Noé Jordania, Noé Ramichvili, Guéguétchkori et les autres chefs du menchévisme, dont seul un menteur éhonté ou un ignorant fieffé peut nier la liaison étroite avec Kautsky. Or Kautsky déclare que, maintenant, ces mois derniers, *des « Caucasiens » lui ont demandé conseil* sur l'attitude à observer au moment présent et qu'il leur a donné ce conseil.

Mais on pourra nous dire que Kautsky est peut-être le seul de son avis, que les autres social-démocrates y compris les menchéviks russes pensent autrement, que c'est là l'opinion individuelle de Kautsky. En est-il ainsi?

Le *Vorwaerts* accompagne cet article de Kautsky de la remarque suivante de la rédaction :

> Indiquant sa divergence de vues avec beaucoup de membres du parti social-démocrate en ce qui concerne l'appréciation du problème russe, Kautsky manifestement a en vue la position du *Vorwaerts.* Pour éviter tout malentendu, nous devons déclarer que *nous sommes solidaires de la tendance exprimée dans l'article de Kautsky,* qui en somme met les révolutionnaires caucasiens en garde contre les tentatives d'insurrection. Pour ce qui est des moyens

propres à amener la substitution d'un régime démocratique au régime existant en Russie, il nous suffit de comprendre que l'insurrection n'est pas à l'ordre du jour *pour la période prochaine.*

A quoi se réduit cette déclaration équivoque, hypocrite du *Vorwaerts* ? Ce journal approuve la tendance de Kautsky à « mettre en garde contre les tentatives d'insurrection », mais il ne dit pas s'il approuve ou non en principe cette façon de poser la question de l'admissibilité de l'insurrection. A cette dernière question, il répond avec non moins de fausseté qu'elle ne l'intéresse pas, car l'insurrection n'est pas à l'ordre du jour pour la période prochaine. Mais si elle vient à l'ordre du jour ? A ce sujet le *Vorwaerts* se tait.

Mais il n'y a pas que lui qui se taise sur ce point. La délégation du parti social-démocrate russe à l'étranger se tait également. Qu'après cela les menchéviks déclarent tant qu'ils voudront que leur parti n'a jamais été pour la lutte contre l'U.R.S.S., qu'ils affirment en se frappant la poitrine que, « pour des raisons de principe et de tactique... ce parti se refuse à trancher au moyen de la lutte armée le litige entre le socialisme et le communisme en Russie », il suffit pour nous de l'affirmation des menchéviks qui déclarent que *le but essentiel de leur action politique est l'anéantissement du pouvoir bolchéviste* pour que nous ne croyions pas à toutes ces assurances, pour que nous les considérions comme sans valeur aucune et pour que nous basions notre attitude uniquement sur les faits. Or voici les faits :

Que s'est-il passé en Géorgie en automne 1924 ? Une *insurrection armée*. Qui a organisé cette insurrection? Les *menchéviks*. Qui a été à la tête du comité paritaire dirigeant l'insurrection ? Les *menchéviks*. Qui a envoyé avant l'insurrection des lettres contenant des directives de son organisation? Noé Jordania, le chef des *menchéviks*. Et qui, pendant et après l'insurrection, a fait antichambre chez les gouvernements d'Europe occidentale, y compris le gouvernement bourgeois français, pour y présenter des rapports sur la situation infortunée de la Géorgie et réclamer une intervention ? Ces mêmes *menchéviks*.

Noé Khomériki, Valiko Djoughéli, Bénia Tchikvichvili, membres du comité central de la social-démocratie géorgienne et une série d'autres ont travaillé à l'organisation de l'insurrection géorgienne, et c'est sur ces individus que le *Messager socialiste*, organe central des menchéviks russes, publie après leur exécution, dans son numéro de septembre 1924, un article entouré d'un filet noir et intitulé « Vous êtes tombés victimes... » et dans lequel il proteste contre l'exécution de ceux qui ont déclenché le soulèvement, provoqué des effusions de sang et, au moyen de l'insurrection, se sont efforcés de renverser le pouvoir soviétique.

Ces chefs ouvriers, écrit le *Messager socialiste*, entreront dans l'histoire de leur pays comme des héros nationaux. Mais les ouvriers de toute la Russie, eux aussi, s'inclineront respectueusement devant leur humble tombe, car c'est là qu'ont trouvé le dernier repos les champions de la cause ouvrière qui ont su se donner entièrement au service du grand idéal de la libération de l'humanité.

C'est ainsi que l'organe central des menchéviks caractérise les organisateurs de l'insurrection, et après cela les menchéviks osent dire qu'ils ne se sont jamais donné pour but l'insurrection, qu'ils ont toujours été contre et qu'ils ne l'ont jamais organisée.

Quand l'insurrection eut échoué, le président du gouvernement géorgien renversé en 1921, ce même Jordania qui s'était réfugié à l'étranger, s'adressa à la S. D. N. réunie à Berlin, et en particulier à Mac Donald, alors chef du gouvernement anglais, et à Herriot, chef du gouvernement français, pour leur demander de « proposer au gouvernement de Moscou de cesser les effusions de sang et de résoudre le conflit russo-géorgien au moyen d'un tribunal arbitral international ».

C'est à la Société des nations, à cet organe créé par le capital international pour la consolidation de l'ordre capitaliste, pour l'organisation d'un front bourgeois antisoviétique universel, c'est à cette ligue des Etats bourgeois que s'adressa alors Jordania pour lui demander d'intervenir et de soumettre le litige entre le gouvernement soviétique et les insurgés à la décision d'un tribunal d'arbitrage. Comme si l'on ne savait pas d'avance la décision que prendrait un tribunal d'arbitrage composé d'Etats bourgeois sur la question de savoir qui a raison de ceux qui veulent renverser le pouvoir soviétique ou de ceux qui veulent l'affermir ! Et après cela, les menchéviks viennent nous dire qu'ils n'ont pas assiégé les antichambres des gouvernements d'Europe occidentale, qu'ils n'ont pas été en liaison avec les manitous capitalistes et bourgeois.

Après ces faits de notoriété publique et que personne ne contestera, qui pourra croire à Abramovitch ?

Voici ce que ces mêmes Noé Jordania et Noé Ramichvili, chef des menchéviks géorgiens et proches émules d'Abramovitch et consorts, écrivent (avril 1927) sur les tâches qu'ils s'assignent maintenant, dans une lettre à un de leurs confrères de Géorgie envoyé dans ce pays pour y faire de l'action illégale :

> Un revirement du régime politique en Russie [lisez : le renversement du pouvoir des bolchéviks], écrit Noé Jordania, peut s'effectuer dans les trois directions suivantes (dans chacune en particulier ou dans les trois à la fois) : 1° politique intérieure; 2° question nationale intérieure; 3° guerre extérieure.

En cas de coup d'Etat survenant en Russie par suite de causes intérieures :

> Le parti social-démocrate de Géorgie, écrit Noé Jordania, a le devoir de soutenir les forces opposées à Moscou et à son bonapartisme et de s'employer à pousser ce mouvement jusqu'à sa fin logique : séparation de la Géorgie et de tout le Caucase d'avec Moscou et établissement d'une administration locale souveraine à l'exemple de ce que nous avons fait après le coup d'Etat d'Octobre. En l'occurrence, il sera nécessaire de coordonner nos forces avec les masses et les unités de l'armée soulevées... Alors nous nous appuierons sur la S. D. N., dans laquelle le nouveau gouvernement entrera indubitablement.

Ceci a été écrit en 1927, au moment même où Abramovitch écrivait que les menchéviks n'étaient pas et n'avaient jamais été pour une solution violente du litige entre le gouvernement soviétique et les menchéviks.

La deuxième « direction », c'est la question nationale intérieure :

Le démembrement de l'U.R.S.S. en unités nationales, écrit Jordania, peut s'effectuer de façon plus organisée si l'Ukraine s'en charge. Dans ces conditions notre parti joue le rôle de directeur du mouvement national et proclame la lutte ouverte contre tous les éléments impérialistes de Moscou... Et toutes les forces conjuguées procèdent à l'isolement de la Grande-Russie.

La troisième « direction », c'est le renversement du pouvoir soviétique à la suite d'opérations militaires, à la suite d'une guerre extérieure, c'est-à-dire précisément le cas envisagé par Kautsky. Comment se prononce à ce sujet le chef des menchéviks ?

Dans cette collision impérialiste éventuelle, dit-il, la position de la Géorgie est claire. Celle-ci, comme tous les peuples russes, désire la défaite de Moscou, mais elle ne prendra pas part à la collision même, elle restera neutre tant que l'issue ne se dessinera pas nettement...

Elle n'interviendra activement que quand Moscou sera définitivement battu et que nous aurons reçu la garantie de l'indépendance.

Et, plus loin :

Si, au cours de la guerre, notre soulèvement devient

nécessaire, l'autorisation de ce soulèvement devra émaner du gouvernement dont le président [c'est-à-dire Noé Jordania] devra donner sa signature formelle... Il est une chose claire : c'est que nous ne devons pas intervenir seuls et nous isoler.

Ainsi voilà donc le programme de Noé Jordania pour aujourd'hui. C'est le même programme que celui dont parlait Kautsky. Ce sont manifestement les mêmes « révolutionnaires caucasiens » que ceux dont parle le renégat de la révolution, et il est impossible de comprendre ces choses autrement qu'elles ne sont écrites.

Voici la façon dont un autre chef des menchéviks géorgiens, Noé Ramichvili, complète cette lettre :

Si l'effondrement du bolchévisme vient d'une crise intérieure, nous devrons immédiatement prendre le pouvoir étatique entre nos mains, arrêter les bolchéviks et restaurer la République indépendante de Géorgie.

Et ces social-fripons osent encore protester contre le fait que nous les tenons en prison !

A cet effet, continue Ramichvili, nous devons dès aujourd'hui établir une liaison extrêmement secrète avec le haut commandement de l'armée géorgienne afin de pouvoir, au moment nécessaire, nous appuyer sur lui pour arrêter les commandants et les soldats bolchéviks qui se trouvent dans l'armée et compléter nos troupes par la mobilisation.

En quoi ces messieurs sont-ils pires ou meilleurs que les gardes-blancs Dolgoroukov et Elvengren qui s'occupaient exactement de la même chose : préparer une insurrection armée, créer des organisations conspiratrices dans l'armée et trahir le pouvoir soviétique?

En attendant, les chefs de la social-démocratie, qui se préparent à arrêter les bolchéviks, poussent des clameurs contre ces derniers qui les arrêtent et proposent de faire connaître à l'univers entier « les répressions et la terreur, les noms de ceux qui sont arrêtés et les raisons de leur arrestation, de dire quels sont ceux qui sont incarcérés, où ils se trouvent et la raison de leur incarcération, de communiquer les noms de ceux qui sont torturés par la Tchéka, les sortes de tortures qu'ils ont subies et les motifs de ces tortures », et tout cela pour continuer à mentir aux ouvriers d'Europe sur les cruautés exercées contre leurs confrères arrêtés, pour dresser l'opinion publique des travailleurs contre l'U.R.S.S., laquelle persécute des « innocents », qui soi-disant ne veulent de mal à personne, ne songent à aucune insurrection et ne pensent qu'à la « propagande légale de leurs idées ».

Après ce document émanant des menchéviks eux-mêmes, il est impossible, évidemment, de dire qu'ils n'ont jamais organisé d'insurrection ou qu'ils ne se sont jamais efforcés, ne s'efforcent et ne s'efforceront pas de trancher par la lutte armée le litige entre le menchévisme et le communisme (c'est-à-dire entre les laquais de la bourgeoisie et le communisme).

Voyons maintenant le passé.

Les social-démocrates écrivent que les menchéviks

n'ont jamais posé ainsi la question ; bien plus, qu'en 1919 et 1920, ils ont même pris toutes les mesures pour aider le pouvoir soviétique dans sa lutte contre l'intervention, contre le capital étranger, contre les généraux contre-révolutionnaires russes Dénikine et Wrangel, et qu'à cet effet ils ont, à deux reprises, mobilisé leurs membres pour entrer dans l'armée rouge et défendre les fronts soviétiques contre la racaille des gardes-blancs.

Nous nous souvenons parfaitement de ces années et nous nous rappelons très bien comment les choses se sont passées alors. Nous ne pouvons oublier ces années, elles sont trop profondément gravées dans notre mémoire parce qu'elles ont coûté trop cher aux masses laborieuses de l'U.R.S.S., parce qu'elles ont coûté trop de sang, trop de souffrances à la population assaillie alors par le froid et la famine. Dans leur avance du sud au centre de l'Etat prolétarien, les troupes contre-révolutionnaires de Wrangel et de Dénikine ont laissé derrière elles des milliers de cadavres. Youzovka, le bassin du Donetz, Iékatérinoslav, Kharkov, Odessa et Kiev, sans parler de la Sibérie ni de la région du Volga, ne se souviennent que trop de cette avance. Le sort de la Russie soviétique était en jeu, les ennemis étaient presque aux portes de Moscou. Quels étaient ces ennemis ? C'étaient ceux avec qui les menchéviks et les s.-r. avaient travaillé en 1918 et jusqu'au deuxième semestre 1919, la main dans la main, pour renverser le pouvoir soviétique.

Abramovitch et consorts vont-ils essayer maintenant de le nier ? Nous leur nommerons alors les membres du gouvernement de Samara qui dirigeait la lutte contre le pouvoir soviétique en 1918 : Avxentiev, Védéniapine, Zenzinov, Rakov, Bourévoï, Volsky et autres. Voici maintenant les noms des s.-r. membres du comité de l'Assemblée constituante au sud, comité qui prépara l'insurrection à Rostov, à Iékatérinoslav et dans d'autres villes: Babine-Korel, Schreider, Pochoutinsky, Ratner, Bérézovsky et autres. Voici les noms des s.-r. qui organisèrent l'insurrection et travaillèrent à Arkhangelsk : Likhatch, Dédoussenko, Tchaïkovsky, membres du gouvernement opérant sur le territoire occupé par les Anglais. Durant les années 1918-1919, ils mirent tout en œuvre pour mener, au début avec le général Boldyrev, puis avec Koltchak à l'est et avec Dénikine au sud, la lutte armée contre le pouvoir soviétique.

On n'osera pas non plus nier la lutte terroriste que les alliés des menchéviks, les s.-r., menèrent dans la même période. Le procès des s.-r. en 1922 a suffisamment montré la participation des membres du C. C. du parti socialiste-révolutionnaire : Gotz, Ivanova, Donskoï, Timoféev, Agapov et autres à l'organisation de l'attentat dirigé contre Lénine, à l'assassinat de Volodarsky et Ouritsky. Enfin tout le monde connaît le travail effectué en 1918 par les menchéviks à l'arrière lors de la guerre civile imposée au pouvoir soviétique.

En 1918 eut lieu un congrès ouvrier convoqué par les menchéviks. Le comité d'organisation pour la convocation de ce congrès avait à sa tête le citoyen Abramovitch, ce même individu qui maintenant déclare que le parti menchévik ne s'est jamais donné pour but de lutter les armes à la main contre le pouvoir soviétique. Voici ce qu'il écrivait alors dans un document officiel au sujet de la convocation de ce congrès :

De nouveau, le moment est venu pour la classe ouvrière d'unir ses forces afin de défendre ses organisations, afin de sauver et de reconstituer la patrie, afin de restituer les approvisionnements enlevés au pays. On ne saurait tarder. La ruine ne fait pas que nous menacer, elle est déjà là. La patrie torturée est dans les convulsions de l'agonie. La classe ouvrière est de nouveau dans les fers de l'esclavage, bafouée par des bourreaux et des brutes...

Cette proclamation montre suffisamment dans quelle situation et dans quel but devait travailler ce congrès ouvrier. Néanmoins, selon leur habitude, les menchéviks s'étaient gardés d'appeler les choses par leur nom, car ils savaient que les ouvriers ne répondraient pas à un appel les invitant directement à renverser le pouvoir soviétique et à le remplacer par le régime bourgeois. C'est pourquoi ils s'étaient bornés dans cette proclamation à un appel général à « l'union » des ouvriers.

Plus francs étaient les menchéviks qui opéraient à Pétrograd, d'où était partie l'idée de la convocation de ce congrès ouvrier auquel ils participèrent. Voici ce qu'écrivait, dans ses instructions aux ouvriers de Moscou, la délégation des menchéviks de Pétrograd, qui se dissimulait sous le pseudonyme d' « assemblée extraordinaire des délégués des fabriques et des usines de la ville de Pétrograd » :

Nous, ouvriers de Pétrograd, chargeons nos délégués de vous dire ce qui suit...

Dans ces heures pénibles, mortelles, nous vous disons, à vous, prolétaires de toute la Russie :

Sous notre nom s'est *dissimulé* un pouvoir qui nous est hostile, un pouvoir antipopulaire, un pouvoir qui ne nous a apporté que souffrances et déshonneur.

Qu'il s'en aille !

Il nous a promis le socialisme et, par ses expériences insensées, il a ruiné toute l'économie nationale. Quel socialisme pouvait-il instaurer dans un pays agricole arriéré où les ouvriers ne sont qu'une minorité infime et mal organisée, dans un pays sans technique, sans culture, épuisé par la guerre ?

...L'idée malheureuse de transformer les ouvriers en patrons a fait d'eux des esclaves.

Voilà ce qu'écrivaient, au moment le plus pénible pour le pouvoir soviétique, messieurs les social-démocrates. Et ils continuaient :

Nous allons avoir à mener une lutte pour l'indépendance de notre patrie. Nous ne pouvons mener seuls cette lutte. Il faut un *accord militaire avec les peuples alliés* [c'est-à-dire avec les impérialistes anglais et français].

Voilà ce qu'écrivaient les menchéviks en 1918. Or, en 1927, ne doutant de rien, ils déclarent qu'ils n'ont jamais été pour le renversement du pouvoir soviétique, qu'ils n'ont jamais été pour l'intervention armée, qu'ils n'ont jamais été pour un accord avec les gouvernements anglais et français.

Vous êtes un menteur, citoyen Abramovitch. Vous mentez effrontément aux ouvriers d'Europe en disant que le parti des menchéviks, vous y compris, n'a jamais rien fait pour combattre le pouvoir soviétique. Vous êtes un menteur, car vous avez été l'organisateur de ce congrès.

Quelle était la situation dans les régions de la périphérie où les troupes des gardes-blancs faisaient la loi ? Nous avons déjà parlé de Samara, mais voici des données sur la composition du comité de l'Assemblée constituante au sud de la Russie, à Rostov et à Kiev. A ce comité appartenaient les s.-r. Babine-Korel, Schreider et autres. Mais, direz-vous, ce sont là des s.-r. et non pas des menchéviks. Mais les menchéviks réclament aussi la liberté d'action pour ces « socialistes ». Enfin, si l'on nous dit que les menchéviks n'ont pas pris part à cette lutte en tant que menchéviks, nous répondrons par d'autres faits.

Voici une résolution signée par l'assemblée des membres de l'organisation de Samara du parti social-démocrate ouvrier russe (menchévik) le 11 juillet 1918, au moment où il se formait dans cette ville un comité socialiste-révolutionnaire de l'Assemblée constituante :

Considérant que l'armée doit être constituée sur la base de l'armement général, jugeant indispensable, surtout après la situation créée par la paix de Brest, de procéder immédiatement à l'instruction militaire préparatoire et à l'armement général du peuple, l'organisation de Samara du P.S.D.O.R. estime, vu les conditions exceptionnelles où se trouve Samara, isolée même des villes proches, que la création d'une armée forte et puissante ne saurait être retardée d'un seul jour et que, par suite, il est nécessaire de convier les ouvriers et toute la population démocratique de la ville et du gouvernement de Samara à entrer dans les rangs de l'Armée volontaire.

Pour préserver Samara et sa population de la ruine et de l'extermination complètes que rêvent les bandes furieuses des bolchéviks assoiffés de vengeance, pour sauvegarder la démocratie, le pouvoir populaire et l'Assemblée constituante qui le personnifie, pour empêcher qu'après l'effondrement certain du pouvoir soviétique il ne s'instaure un gouvernement des généraux Krasnov et Skoropadsky, pour assurer les intérêts de l'Armée volontaire elle-même, qui doit être composée de démocrates, les ouvriers et les autres couches démocratiques de la population doivent entrer dans l'armée, *s'engager dans l'armée.*

Et les menchéviks osent affirmer qu'ils étaient contre l'intervention, contre l'insurrection! Veut-on encore d'autres faits? En voici :

L'organisation contre-révolutionnaire, dénommée *Union de la Renaissance*, qui fonctionnait en 1918 à Moscou et à Pétrograd englobait non seulement les s.-r. mais aussi les menchéviks. Le menchévik Rozanov appartenait, avec Melgounov, à la direction tactique de cette organisation, dont la direction contre-révolutionaire politique à Pétrograd comprenait, outre

Gotz et Ignatief, leaders socialiste-révolutionnaires, des menchéviks en vue : Pétressov, qui récemment a publié un livre odieux sur l'U.R.S.S., et Rozanov. Ces faits sont établis par des personnes qui travaillaient alors avec eux et qui sont encore en vie. Ces faits sont impossible à nier. Voici ce que dit le socialiste-révolutionnaire Ignatiev, membre de l'Union de la Renaissance, sur l'argent remis à cette union par les gouvernements bourgeois de France et d'Angleterre qui organisaient alors des interventions armées :

J'estime que l'honnêteté politique exige un aveu franc de la part de tous ceux qui ont participé au travail de cette période : oui, nous considérions nécessaire l'aide étrangère en argent et en forces militaires; au début nous recevions de l'argent et nous le dépensions, puis nous avons reçu une aide en nature. A trois reprises, des fonds ont été transmis par mon intermédiaire : la première fois, j'ai reçu plusieurs dizaines de milliers de roubles de l'Union de la Renaissance de Moscou; je ne connais pas la provenance exacte de cette somme, mais tout me porte à croire qu'elle venait des Alliés. La deuxième somme, délivrée par le général Souvorov, avait été fournie par les Alliés. La troisième somme (200 à 300 mille roubles) avait été, d'après les renseignements du général Souvorov, transmise directement par le représentant de la Mission militaire française à Boldyrev et Moïsséenko, membres de l'organisation militaire de l'Union de la Renaissance a Moscou. Moïsséenko, utilisant ses liaisons avec les s.-r., envoya cet argent à Pétrograd pour l'organisation militaire de l'Union de la Renaissance. Je ne reçus qu'une partie de cette somme, et lorsque je me rendis à Moscou, je demandai à Gotz ce qu'était devenu le reste et j'eus avec le membre du C. C. Ivanov une explication au sujet des fonds qui ne nous étaient pas parvenus.

Et l'insurrection organisée par les s.-r. et les menchéviks à Iaroslavl en 1918, insurrection au cours de laquelle le général Perkhourov et le menchévik Schleif tentèrent de rétablir le pouvoir bourgeois et qui aboutit à la destruction d'une grande partie de la ville ? Tous les ouvriers de Iaroslavl se souviennent bien de cette insurrection. Maintenant, il est suffisamment établi par des documents qu'elle fut exécutée avec l'assentiment et sur l'ordre de l'ambassadeur Noulens, et qu'elle fut subsidiée et encouragée par les Etats capitalistes d'Angleterre et de France. C'est ce que reconnaissent également les auteurs eux-mêmes de l'insurrection.

Voyons maintenant ce qu'il en est des appels des menchéviks et des s.-r. à la mobilisation en 1919 et 1920. Lorsque Koltchak en Sibérie et Dénikine au Sud eurent châtié impitoyablement les conciliateurs, lorsqu'ils eurent chassé des gouvernements régionaux les menchéviks et les s.-r. et établi leur propre autocratie, lorsqu'il ne resta plus aux s.-r., d'après leurs propres dépositions, qu'à s'enfuir pour échapper à ces généraux blancs, où se sauvèrent-ils ? En Russie soviétique. Ils vinrent alors se repentir devant le pouvoir soviétique, déclarant qu'ils avaient compris à quel moulin ils faisaient aller l'eau, à qui ils prêtaient leur appui, pour qui ils tiraient les marrons du feu. C'est ce qui a été le mieux raconté par le fameux s.-r. Avxentiev, membre du gouvernement de Samara et président du Directoire, qui fit sa confession à l'étranger où il dut se réfugier pour échapper aux poursuites de Koltchak.

Le pouvoir réel, écrit Avxentiev, fut aux mains des Tchèques et, ensuite, du commandement, c'est-à-dire des généraux russes. Ce n'est pas par hasard que la démocratie révolutionnaire, avec le parti des s.-r. à sa tête, ne se trouva pas en mesure d'empêcher l'évolution fatale de Samara la Rouge vers la domination de la clique militariste déchaînée. Ce n'est pas par hasard que l'accord, tout d'abord purement pratique, conclu avec les organisations bourgeoises se transforma bientôt à Oufa en accord formel et, plus tard, en la dictature de Koltchak.

Voici ce qu'écrit, pour compléter Avxentiev, un autre leader socialiste-révolutionnaire, Védéniapine, membre du comité central, qui décrit l'action menée par les s.-r. avec les interventionnistes contre la Russie soviétique :

Il n'est pas difficile de soulever les masses; il est possible également d'étendre ce mouvement à un grand rayon, mais immédiatement tous les groupes de droite y adhéreront et, dans le meilleur des cas, on aura une réédition de l'histoire du Volga, car l'Entente avec sa politique se dissimulera nécessairement derrière les droites.

Cet aveu est l'avertissement tragique que donne un homme qui a vu lui-même à quoi a abouti l'alliance avec la bourgeoisie en 1918.

Après avoir reçu une telle leçon, après avoir été

chassés du gouvernement par les généraux blancs, menchéviks et s.-r. sont venus exprimer leur repentir au pouvoir soviétique et ont deposé une déclaration portant qu'ils renonçaient à la lutte armée contre ce pouvoir.

Le gouvernement soviétique dit alors à ce sujet :

> Continuant à combattre tous les groupes qui, directement ou indirectement, soutiennent la contre-révolution extérieure et intérieure, le Conseil central exécutif panrusse juge de son devoir d'offrir aux partis de la démocratie petite-bourgeoise la possibilité de prouver effectivement dans la lutte ouverte leur désir de soutenir le prolétariat et la paysannerie qui combattent la contre-révolution intérieure et extérieure.

Mais les partis « socialistes » ne tardèrent pas à violer leur promesse solennelle. Lorsque la menace de l'entrée des troupes blanches à Moscou fut suspendue sur la Russie soviétique, ils recommencèrent leur propagande pour le renversement du pouvoir soviétique, ils reprirent leur lutte contre ce dernier.

Les faits cités plus haut ont montré que les menchéviks mentaient en déclarant qu'ils n'avaient jamais reconnu l'insurrection armée comme moyen de lutte contre le pouvoir bolchévik et qu'ils n'avaient jamais recouru dans cette lutte à l'aide des gouvernements bourgeois. Si l'on vient nous dire qu'il y a longtemps que les partis socialistes ont commis cette faute, que depuis ils s'en sont repentis et qu'ils l'ont réparée, nous ferons remarquer que nous avons cité des faits se rapportant à un passé récent, faits qui montrent que les menchéviks et les s.-r. ne se sont nullement repentis et n'ont rien appris.

En 1920 déjà, les s.-r. organisent le mouvement d'Antonov dans le gouvernement de Tambov. Ce mouvement devait être, dans l'esprit des s.-r., une révolte des paysans contre le pouvoir soviétique, mais bientôt il dégénéra en opérations isolées de bandes de brigands qui se livraient au pillage, à l'assassinat et à des excès de toute sorte. Or il était dirigé par le socialiste-révolutionnaire Podbielsky et ses coadjuteurs.

Nous avons cité des faits se rapportant à 1918, 1919 et 1920 ; nous allons maintenant en exposer d'autres qui se sont produits en 1924 et qui montreront que, plusieurs années après la guerre civile, les partis « socialistes » pratiquent la même tactique, la même politique d'organisation d'insurrections et de lutte armée contre l'U.R.S.S.

Nous avons devant nous la copie des dépositions faites, le 10 mai 1924, par Nikandre Alexandrovitch Préobrajensky, qui, de 1917 à 1923, fut membre du parti des menchéviks. Voici ce qu'il écrit :

Je partis pour le nord (en 1923) en qualité d'agent de la Coopération économique équipée par le *Centrosoyouz* de Sibérie... dans la ville de Sourgout. A Sourgout même, et avant d'arriver à Sourgout, j'entendis parler de troubles qui avaient lieu dans les environs de Tobolsk (Sibérie)... A la fin de janvier, les bruits concernant l'insurrection se confirmèrent et l'état de guerre fut proclamé dans la ville... Vers le 10 février, les autorités soviétiques et la petite garnison évacuèrent la ville à la hâte...

Quelque temps après, Sourgout fut occupé par le petit détachement de partisans que Trétiakov avait recruté parmi les paysans des alentours... Les insurgés lancèrent les mots d'ordre les plus disparates comme : « Vive le pouvoir soviétique sans les communistes! », « Vive l'Assemblée constituante! »... Parmi ceux avec qui j'avais des entretiens, il se trouvait des monarchistes et aussi des gens qui ne savaient pas du tout ce qu'ils voulaient... Je n'avais pris aucune part à ces affaires quand, tout à coup, le comité reçut, d'une façon tout à fait inattendue pour lui comme pour moi, un télégramme portant en substance: « Préobrajensky est nommé délégué de l'état-major de l'armée populaire. Un tel, commandant du détachement, apportera les instructions nécessaires. Signé : Azarkévitch ». Azarkévitch s'était intitulé auparavant socialiste-révolutionnaire, mais je ne connaissais pas son activité politique; quant à sa situation, je savais qu'il était membre du collège du bureau du Centrosoyouz à Tobolsk... Dix jours plus tard, je reçus une lettre de Goriounov, menchevik membre de notre expédition qui m'exhortait avec instance à me rallier à l'insurrection en me dépeignant tout sous les couleurs les plus riantes... En mars, je dus assumer la direction de l'état-major pour le choix des partisans, car ils n'avaient aucun organisateur et l'insurrection revêtait de jour en jour un caractère plus méthodique... Le travail de l'état-major (dont l'appellation officieuse était « État-Major militaire de Sourgout pour la lutte contre le communisme ») consistait : 1° à ravitailler le front en hommes et en vivres et à assurer la direction militaire générale; 2° à établir la liaison avec le front et avec Tobolsk; 3° à ravitailler la population; 4° à organiser l'arrière au point de vue militaire en *faisant la chasse aux communistes restés à l'arrière*, à former de nouveaux détachements de partisans, à les ravitailler, à les expédier dans les endroits nécessaires, etc.; 5° à faire de la propagande.

Au début de la deuxième quinzaine d'avril, les affaires allant assez mal, je me rendis sur le front, où je cherchai à arrêter la démoralisation et la désertion qui avaient déjà commencé... Cinq jours plus tard, j'attrapai le typhus... Quand je sortis de l'hôpital, tout était déjà en somme fini. Tous nous reculions. Notre liaison avec Tobolsk n'existait plus et tous, rouges et insurgés, nous restions sur place et attendions la débâcle des glaces... Une aide sous forme de mitrailleuses vint, mais contre nous... Nous partîmes pour la *taïga* (la brousse) où l'état-major avait préparé les réserves nécessaires. A la fin d'août, j'arrivai à Tobolsk après avoir, à l'aide d'une boussole, parcouru environ 1.500 verstes dans la taïga.

Si ce n'est pas là une insurrection, qu'est-ce donc ? Et les menchéviks ne mentent-ils pas quand ils déclarent qu'ils n'ont pas organisé d'insurrection?

Voici ce que communique ensuite Préobrajensky :

J'arrivai à Moscou avec l'intention bien déterminée de renverser coûte que coûte le pouvoir soviétique. Je trouvai une ligne précise coïncidant avec la mienne dans le groupe de droite appelé « Groupe Moscovite des Social-démocrates », auquel j'adhérai et au bureau duquel je fus bientôt nommé... L'idéologie du groupe... était celle-ci : République démocratique sur la base de l'Assemblée constituante. Capitalisme : le temps n'est pas encore venu pour la dictature du prolétariat... Tactique : propagande parmi les ouvriers en vue d'une insurrection... Si l'on pose la question du renversement du pouvoir soviétique, il faut être franc et déclarer carrément que le seul moyen c'est l'intervention non pas de ceux qui veulent sincèrement nous aider, mais des requins comme Desgouttes, Poincaré et autres « amis de la Russie » qui convoitent les biens de notre pays.

Voilà ce que communique le menchévik Préobrajensky, organisateur actif de l'insurrection et membre de l'organisation illégale des menchéviks à Moscou. Ces faits, nous semble-t-il, sont plus que suffisants.

*
* *

Si le menchévik Préobrajensky déclare que la logique l'obligea à arriver à l'idée de la nécessité de recourir l'aide de l'intervention, c'est-à-dire à l'aide des gouvernements bourgeois d'Angleterre et de France, idée qui le fit reculer et abandonner les menchéviks, d'autres par contre se montrèrent moins scrupuleux et s'engagèrent dans cette voie.

Nous rapporterons des faits qui démentent Abramovitch lorsqu'il déclare que les menchéviks ne furent jamais en relations avec l'état-major polonais, non plus qu'avec le gouvernement français. Nous avons déjà dit, lorsque nous avons parlé de l'insurrection géorgienne de 1924, comment les menchéviks coquetaient alors avec Mac Donald et Herriot. Nous allons voir maintenant ce qu'ils faisaient en 1925 et 1926.

En juin 1925, le menchévik Andjaparidzé, expulsé de Géorgie en 1922 en Europe occidentale, reçut de Kandélaki, membre du bureau des menchéviks géorgiens à l'étranger, une lettre envoyée de Paris et dans laquelle l'expéditeur lui faisait savoir que lui, Andjaparidzé, était convoqué à Paris par ledit bureau. Andjaparidzé se rendit à Paris, où il apprit que Noé Jordania, qui était à la tête du comité paritaire géorgien, le faisait venir pour le charger d'un travail clandestin en Géorgie. Après quelques entretiens avec Noé Jordania, Andjaparidzé consentit à se rendre en Géorgie soviétique pour s'y livrer à l'action illégale. Jordania lui communiqua que le bureau du parti menchévik à l'étranger n'était plus en liaison avec le comité central géorgien, que lui, Andjaparidzé, devait rétablir cette liaison et lui indiqua qu'il devrait se rendre en Géorgie par la Pologne, où le représentant officieux du gouvernement géorgien en Pologne, Koté Imnadzé, l'aiderait à traverser la frontière polono-soviétique.

Les directives reçues par Andjaparidzé lui enjoignaient : premièrement, de rétablir en Géorgie le front unique avec les partis géorgiens illégaux des socialistes-fédéralistes et des socialistes-révolutionnaires ; deuxièmement, de faire élire un nouveau comité central et d'obtenir par tous les moyens la légalisation du parti menchévik de Géorgie.

Andjaparidzé partit pour Varsovie en compagnie de l'ancien chef du grand état-major géorgien près le gouvernement de Noé Jordania, le général Zakariadzé, employé actuellement à l'académie du grand état-major polonais. A Varsovie, on aboucha Andjaparidzé avec un certain Kostia (Penkov-Podlojny) et avec deux autres personnages habillés en civils qui devaient lui faire passer la frontière. Ces deux personnages étaient des officiers de l'état-major polonais et, par leurs soins, Andjaparidzé put traverser la frontière. Quant à Kostia (Penkov-Podlojny), il était employé au service de l'espionnage polonais pour lequel il travaillait sur le territoire de la République d'Ukraine.

Voilà des faits suffisants pour démentir les assertions des menchéviks lorsqu'ils déclarent n'avoir jamais été en relations avec l'état-major polonais.

Après avoir fait traverser la frontière à Andjaparidzé, Penkov-Podlojny l'envoya chez une de ses connaissances, nommée Jélezny, pour y passer la nuit. Puis il amena à Andjaparidzé le docteur Goglitchidzé, dont l'adresse avait été fournie à Andjaparidzé par Jordania. Après cela, Andjaparidzé entreprit un travail illégal sur le territoire de Kiev, qui devait servir de point de transmission entre Paris et la Géorgie.

En juillet 1925, Andjaparidzé et Penkov-Podlojny se rendirent au Caucase, à Tiflis, où ils continuèrent leur travail. Andjaparidzé confiait à la garde de Penkov-Podlojny les matériaux à expédier au bureau étranger.

Andjaparidzé et Penkov-Podlojny furent arrêtés ensemble à la gare de Kamenetz-Podolsk, le 22 août 1925, au moment où ils se disposaient à prendre le train pour la Pologne.

Mais là ne se bornait pas la liaison de l'organisation menchéviste illégale géorgienne avec le grand état-major polonais. Les autres membres de l'organisation de Kiev, des menchéviks eux aussi, Aréchidzé-Gogorechvili et Tcharkviani, traversèrent la frontière à Volotchisk et furent arrêtés par un gendarme polonais.

Ayant démontré qu'ils appartenaient à l'organisation géorgienne illégale, ils furent envoyés à Lvov et là, dans les locaux de l'espionnage polonais, ils se rencontrèrent avec ce même Koté Imnadzé, qui leur demanda des détails sur leur arrestation et les fit mettre en liberté.

Andjaparidzé savait-il ce qu'était Penkov-Podlojny? *Il le savait.* Il a communiqué lui-même à son complice Mamiu qu'il savait que Penkov-Podlojny était le courrier du grand état-major polonais et que, pour lui faire traverser la frontière à lui, Andjaparidzé, il s'était servi de ses liaisons avec cet état-major.

Penkov déclara lui-même qu'il était agent de la cinquième sous-section de l'état-major polonais, qui l'avait chargé de transférer Andjaparidzé en territoire soviétique, ce qu'il avait fait.

Voilà comment se trouve démontré par les faits le mensonge des menchéviks qui déclarent n'avoir jamais été en relations avec le grand état-major polonais, non plus qu'avec les gouvernements bourgeois polonais ou français.

Si le gouvernement de l'U.R.S.S. avait besoin de se justifier, ces faits suffiraient à montrer la nécessité pour lui de prendre des mesures de lutte contre les organisations contre-révolutionnaires illégales, d'en arrêter les dirigeants, de les détenir en prison, de les déporter ou de les bannir.

Les menchéviks de l'étranger ne se bornent pas à protester contre le fait que nous les incarcérons quand ils préparent des insurrections armées pour essayer de renverser le pouvoir soviétique, ils nous reprochent surtout de les tenir en prison uniquement parce qu'ils appartiennent au parti menchévik ou parce qu'ils propagent ouvertement leurs opinions. Ils s'indignent que nous ne leur permettions pas de publier librement leurs journaux, de prendre librement la parole, d'avoir des organisations légales ; ils se plaignent que nous les contraignions à l'action clandestine, puis que nous les arrêtions et les tenions sous les verrous.

Mais que signifie la propagande légale du menchévisme ? Que serait-ce qu'un parti menchévik légal ? Que serait-ce que permettre aux menchéviks d'agir librement ? Ce serait leur permettre de déclarer partout, dans les journaux, dans la presse, dans les assemblées publiques, qu'il faut renverser le pouvoir soviétique, qu'il faut lui substituer un régime comme en Europe occidentale, le régime de la démocratie bourgeoise, c'est-à-dire le pouvoir du capital. Ce serait leur permettre partout, aux réunions ouvrières et autres, de dire que les ouvriers et les paysans russes mènent contre l'impérialisme de l'Europe occidentale une lutte sans espoir, qu'ils n'édifieront pas le socialisme, qu'ils n'ont pour cela ni force, ni moyens, ni savoir, que, par suite, il est insensé et vain de combattre les forces du capitalisme et qu'il faut chercher un terrain d'entente avec la bourgeoisie, avec les capitalistes.

Nous avons vu quel a été le résultat de cette propagande des menchéviks et des s.-r. là où les généraux et les grands propriétaires fonciers contre-révolutionnaires ont pris le dessus au cours de la guerre civile. Les généraux qui s'emparaient alors du pouvoir rendaient la terre aux propriétaires fonciers, les fabriques et les usines aux capitalistes, jonchaient de cadavres le chemin par où ils passaient, fusillaient impitoyablement les travailleurs, battaient, torturaient, brûlaient vifs et condamnaient au froid et à la famine des millions de travailleurs, puis jetaient par-dessus bord les menchéviks et les s.-r.

Pouvons-nous contribuer à un tel aboutissement de la révolution ?

Pouvons-nous permettre, l'Etat prolétarien peut-il permettre chez lui une telle propagande ? Pourquoi le pouvoir soviétique devrait-il autoriser sur son territoire la propagande du scepticisme et de la panique que répandent partout les menchéviks ?

Voici ce qu'écrit, par exemple, un chef incontesté des menchéviks, Dan, dans le n° 4 du *Messager Socialiste* (27 février 1926) :

> L'échec, inévitable dans les conditions russes, de « l'expérience » bolchéviste de construction du socialisme ne les amènera-t-il pas [les ouvriers d'Europe occidentale] à la conclusion inverse, à la conclusion que l'on ne peut se passer des capitalistes, que le prolétariat est condamné à porter à perpétuité les chaines de l'exploitation capitaliste ?

Et, plus loin :

> La faillite inévitable de l' « expérience » bolchéviste deviendra évidente... Dans la Russie actuelle, il ne s'agit

nullement d'édifier le socialisme, mais de savoir dans quelles conditions sera placée la classe ouvrière dans la société capitaliste en construction.

Dan conclut ainsi :

> La lutte pour les droits politiques, pour la liberté, pour la liquidation de la dictature, pour la démocratisation du régime étatique de la Russie est la tâche la plus urgente de la classe ouvrière russe.

Ainsi le socialisme en Russie est condamné à la faillite. L'avènement du capitalisme est inévitable.

Qu'est-ce donc que cette « lutte pour la démocratisation du régime étatique » ? Quel ordre Monsieur Dan et ses acolytes veulent-ils donc substituer à la dictature de la classe ouvrière ? Ils pensent — et cela ils l'ont dit dans leur programme de 1924 — à organiser en Russie, à la place du pouvoir bolchéviste, un régime démocratique bourgeois analogue à celui des pays bourgeois européens. Pour cela, ils exigent que nos ouvriers accordent immédiatement tous les droits politiques aux grands propriétaires fonciers, aux capitalistes, aux commerçants, aux parasites de toutes sortes que nous avons expulsés et que nous avons privés de ces droits ; ils proposent à la classe ouvrière d'abandonner volontairement le pouvoir et de le transmettre aux mains de ces « démocrates » ; autrement dit, ils prêchent effectivement la capitulation de la classe ouvrière, la restauration de l'ancien régime, frayant ainsi le chemin à la plus sombre réaction tsariste. Voilà ce qu'ils veulent, voilà où ils vont. Et nous tolérerions cela ! Et nous devrions autoriser une telle propagande ! Nous prend-on donc pour de petits enfants ? Il s'agit, en effet, de la vie de centaines de milliers d'ouvriers et de paysans. Est-il quelqu'un, sauf des fripons fieffés et des traîtres avérés de la classe ouvrière, qui puisse consentir à de telles revendications, ou simplement même les encourager ?

La meilleure réponse à ces semeurs de panique, à ces apôtres du scepticisme, de la veulerie, de l'impuissance, à ces protagonistes de la reddition et de la capitulation complète devant l'ennemi, a été donnée par Lénine en 1922, quand l'instauration de la Nep et le retour aux méthodes de gestion propres au monde capitaliste ont fait pousser à quelques-uns de nos camarades impressionnables des clameurs et des lamentations au sujet de notre « recul ».

La chose la plus dangereuse lors de la retraite, écrivait Lénine, c'est la panique. Quand toute l'armée bat en retraite, l'état d'esprit, évidemment, ne peut être le même que lorsque tout le monde va de l'avant.

Et, plus loin :

Quand toute l'armée recule, elle ne voit pas clairement où elle doit s'arrêter, elle ne voit que le recul; parfois alors il suffit de quelques voix semant la panique pour que tout le monde prenne la fuite, et alors le danger est immense.

Comment Lénine proposait-il de se comporter en un tel moment à l'égard des semeurs de panique ? Voici ce qu'il écrivait :

Si des gens, même guidés par les meilleures intentions, introduisent la panique au moment où nous accomplissons une retraite extrêmement pénible et où il s'agit de maintenir le bon ordre, il est nécessaire de châtier rudement, cruellement, impitoyablement la moindre violation de la discipline non seulement en ce qui concerne certaines de nos affaires intérieures du parti, mais encore davantage à l'égard des menchéviks et de tous ces messieurs de l'Internationale II $\frac{1}{2}$.

Ces jours-ci, écrit plus loin Lénine, j'ai lu... l'article du camarade Rakosi sur le nouvel opuscule de Otto Bauer, à l'école duquel nous avons tous été autrefois, mais qui après la guerre, comme Kautsky, est devenu un lamentable petit bourgeois. « Les voilà qui battent maintenant en retraite vers le capitalisme, écrit-il; nous l'avions toujours dit : cette révolution est une révolution bourgeoise. »

...Les menchéviks et les s.-r. qui prêchent de telles choses s'étonnent quand nous disons que nous les fusillerons pour cela. Ils sont stupéfaits; pourtant la chose est bien simple : quand une armée bat en retraite, il faut une discipline cent fois plus grande que lors de l'offensive, parce que lors de l'offensive tout le monde veut aller de l'avant. Mais si maintenant tout le monde se rue en arrière, c'est le désastre inévitable et immédiat.

Et quand le menchévik vient nous dire : « Vous battez maintenant en retraite, j'ai toujours été pour la retraite, je suis d'accord avec vous, je suis votre homme, reculons ensemble », nous lui répondons : « Pour démonstration publique du menchévisme nos troupes révolutionnaires devront fusiller, sinon ce ne sera pas de la justice bolchéviste, mais Dieu sait quoi. »

Or ils n'arrivent pas à comprendre cela et disent : Quels procédés dictatoriaux ont ces gens-là !

Les dirigeants de la IIe Internationale et de l'Internationale II $\frac{1}{2}$ ainsi que les menchéviks et les s.-r. disent : « La révolution est allée trop loin. Ce que tu dis maintenant, nous l'avons toujours dit. Permets-nous de le répéter encore une fois. » A quoi nous répondons : « Permettez-nous pour cela de vous mettre au poteau. Ou bien vous vous abstiendrez d'exprimer vos vues politiques, ou bien, si vous les exprimez dans la situation actuelle où les conditions pour nous sont beaucoup plus dures que lors de l'offensive directe des blancs, nous vous traiterons, excusez-nous, comme les éléments les plus mauvais, les plus nuisibles de la garde-blanche[1]. »

Voilà ce qu'écrivait Lénine. Or si Lénine avait raison d'écrire ainsi au moment où survenait une trêve après la guerre civile dans la première période de la Nep, pouvons-nous, maintenant que nous avons terminé cette retraite, que nous progressons dans notre construction socialiste, mais qu'en même temps nous voyons tous les Etats capitalistes se liguer contre nous et les social-démocrates allemands et russes avec Kautsky et l'émigration monarchique se dresser contre nous et préparer une intervention armée contre l'U.R.S.S., pouvons-nous, en un tel moment, avoir à l'égard de ces « socialistes » une autre attitude que celle que recommandait Lénine en 1922 ? Voilà la question que nous posons à chaque ouvrier et à chaque paysan conscient.

1. C'est-à-dire de la contre-révolution monarchiste. (*N. du Tr.*)

A notre avis, il ne peut y avoir qu'une réponse à cette question: nous n'avons pas permis et nous ne permettrons ni de semer la panique dans nos rangs, ni de désorganiser notre œuvre d'édification socialiste. Cela nous ne l'avons pas permis, nous ne le permettrons pas, et nous estimons que nous avons raison d'agir ainsi.

C'est pourquoi nous ne pouvons accorder aux partis « socialistes » ni la liberté d'action, ni la liberté d'organisation, qui serait en réalité la liberté de saper l'œuvre de construction des ouvriers et des paysans. Par suite, il ne nous reste qu'à mettre les menchéviks et les s.-r. dans des conditions où ils soient dans l'impossibilité de nous nuire, ce qui ne veut pas dire, évidemment, que nous devions tous les emprisonner. Même les s.-r. condamnés par le tribunal suprême du Conseil Central Exécutif panrusse en 1922, lorsque fut démontrée leur participation à la préparation de l'action terroriste et à l'organisation de l'attentat contre Lénine, ne sont pas détenus en prison; ils sont simplement placés sous une surveillance spéciale dans des localités lointaines des gouvernements de Sibérie (Gotz lui-même se trouve dans un gouvernement proche du centre du pays : celui de Simbirsk) ; seulement, nous ne leur permettons pas de continuer leur travail contre-révolutionnaire.

Quand, pour assurer notre sécurité contre leurs agissements, nous leur proposons de partir pour l'étranger et de les échanger contre des communistes qui gémissent dans les geôles capitalistes, ils se refusent solennellement à cet échange, ne voulant pas, disent-ils, servir de « marchandise vivante ».

*
* *

Passons maintenant à la question des outrages et des tortures. Il est insensé, absurde d'affirmer que nous nous sommes donné pour but d'outrager ou de torturer systématiquement les détenus. Quels que soient les hôtes de nos prisons, fût-ce même des récidivistes de l'assassinat ou du banditisme, nous n'employons à leur égard aucune mesure illégale et nous réagissons chaque fois que « nous nous trouvons en présence de procédés illégaux ». Certes, nous connaissons beaucoup de choses contraires au bon ordre qui se sont produites dans nos prisons, par exemple à Iaroslavl et à Solovietsky. Néanmoins une enquête spéciale faite sur les lieux a montré que la responsabilité de ces pénibles événements n'incombait pas toujours au personnel de la prison, que les détenus s'étaient permis d'injurier leurs surveillants, les soldats rouges, qui avaient supporté les épreuves de la guerre civile et qui voyaient dans les détenus les responsables de leurs peines et les considéraient comme des contre-révolutionnaires.

En somme, toutes ces plaintes, toutes ces clameurs ne sont qu'un moyen d'agitation et de tromperie politique dont on se sert pour discréditer le gouvernement prolétarien devant les travailleurs d'Occident.

Il en est bien ainsi, et nous le prouverons par des faits et des documents émanant des menchéviks eux-mêmes.

Comme premier document, voyons ce qu'écrivent sur les conditions de leur détention les menchéviks détenus au camp de Souzdal (Souzdal est un chef-lieu d'arrondissement à 35 verstes de Vladimir, chef-lieu d'un gouvernement industriel situé à 180 verstes de Moscou ; le camp est disposé dans les bâtiments d'un ancien monastère).

Voici un extrait d'une lettre de l'ouvrier Karp Biélovodsky, menchévik membre du Comité de Rostov du parti social-démocrate ouvrier russe :

Mardi je suis arrivé au camp, où je me suis installé dans une bonne chambre bien propre, assez convenable, et je vous prie de ne pas vous inquiéter sur mon sort et de ne pas croire que je sois mal dans ces conditions. Je vous donne ma parole d'honneur que je vous dis la vérité vraie; d'ailleurs je n'ai pas l'intention de rien cacher; au point de vue matériel, je vis ici comme chez moi et la nourriture est la même qu'à la maison, de sorte que je pense que je n'attraperai pas la tuberculose pendant mes trois ans si je ne l'ai pas déjà attrapée quand j'étais libre en travaillant comme compagnon à la forge. Je vous prie de ne pas vous inquéter à mon sujet et de penser seulement à vous. Ici, si l'on peut dire, il y a de l'ordre, la gestion est bonne, il y a un beau jardin, presque tous les arbres sont des arbres fruitiers, des cerisiers, des pommiers, etc. Voici ma nourriture : le matin, du thé; à midi, de la soupe avec de la viande, une purée de pomme de terre, et, le soir, de la viande et du pain. Le pain est en quantité suffisante, c'est du pain d'orge ; on donne aussi du pain blanc, un bol de lait, du thé, du sucre, on peut fumer des cigarettes, quoique je ne pense pas prendre l'habitude de fumer. Nous nous promenons deux fois par jour, une heure chaque fois, dans le verger.

Voici maintenant un passage d'une lettre de Dorojkov, membre de l'organisation de Tchita du parti s.-r. :

...Avec cette foi, je supporterai plus facilement ma détention. D'ailleurs la détention est par elle-même légère. Ma chambre-cellule est grande, étonnamment propre. Tout est peint en blanc, la table, les chaises, le lavabo, les murs. Devant ma fenêtre il y a un vaste jardin qui ne renferme que des pommiers. Ah! si mes neveux étaient ici : Lolka, Youchka, et toutes mes nièces: Raïssa, Choura, Maroussia, et les petits Chourka Loupan et le Gnome, ils abattraient toutes les pommes !... La cour où nous nous promenons est couverte d'herbe et de fleurs, tout est vert, le temps est magnifique... L'air est comme un baume, on ne se lasse pas de le respirer. La nourriture est excellente, et même très excellente. On la sert dans des assiettes et des soupières propres, tout reluit. Le déjeuner et le dîner sont de deux plats. Et, ma parole d'honneur, je vous assure que je n'ironise pas, les conditions de la détention sont bonnes... Je lis autant de livres qu'il m'en entre dans la tête, et j'ai l'intention de bûcher sérieusement. Il n'y a rien à faire. Aucun travail. Nous sommes à trois dans une chambre et, jour et nuit, je lis.

Extrait d'une lettre adressé par le socialiste-révolutionnaire Tchaïkine à son frère :

On n'est pas mal du tout : nous sommes deux dans une grande chambre dont les deux fenêtres donnent dans la cour verte du monastère ; nous nous promenons trois heures par jour par groupe de dix, et même en société féminine. La pitance est suffisante (il y a 43 kopecks d'alloués pour la nourriture, plus ce que nous ajoutons nous-mêmes). Il y a beaucoup de livres; nous buvons beaucoup de thé, et cela trois fois par jour. Demain nous allons manger du *chachlyk*[1].

Extrait d'une lettre adressée par le menchévik Daniline (typographe) à ses parents :

Enfin, me voilà arrivé à l'endroit qui m'est fixé, et je puis vous écrire quelque chose sur ma vie. Je dois reconnaître sincèrement que la vie ici n'est pas du tout mauvaise. La cellule (ou plutôt la chambre) dans laquelle on m'a placé est assez grande (six pas sur six); elle est claire, avec deux fenêtres; il y a une bonne table, un lit, un grand matelas, une couverture, un oreiller et deux Tabourets. Devant les fenêtres, il y a beaucoup d'arbres parmi lesquels se dresse le monastère. Nous nous promenons deux fois par jour, une heure chaque fois. La nourriture jusqu'à présent est bonne; le déjeuner et le dîner sont de deux plats. On donne du sucre, du thé, des cigarettes, des allumettes. En un mot, jusqu'à présent je me sens bien.

Extrait d'une lettre adressée par le menchévik Sviétitsky du camp de Souzdal à ses parents :

Je vous assure que, dans ma vie, il n'y a jamais eu un moment où je me sois aussi bien nourri que maintenant. Souvent même j'éprouve une sorte de gêne à la pensée que vous, mes chers parents, vous ne pouvez vous permettre le cinquième de ce que j'ai, quoique vous en ayez probablement beaucoup plus besoin que moi. Je souligne que je

1. Mouton à la broche, plat favori des Caucasiens. (*N. du Tr.*)

suis tout à fait bien portant et que je me nourris si bien uniquement parce que tout le monde ici se nourrit ainsi. Comme je vous l'ai déjà dit dans ma lettre précédente, je suis complètement libre toute la journée, je passe mon temps avec les autres, nous nous promenons, nous causons, nous lisons, etc.

Tel est le régime dans le camp de Souzdal, ce qui n'empêche pas les menchéviks d'en être mécontents. Ils veulent et exigent que nous leur donnions... le régime de Solovietsky. Ces mêmes individus qui ont clamé à la face du monde qu'ils étaient dans des conditions horribles et qu'ils souffraient affreusement dans le camp de Solovietsky sont mécontents du camp de Souzdal et exigent qu'il y ait dans ce camp le même régime qu'à... Solovietsky. C'est ce qu'ils disent eux-mêmes. Voici ce qu'écrit à son frère se trouvant à Solovietsky le menchévik Bloch transféré à Souzdal :

Ici, il est vrai, il n'y a pas cette apparence de liberté, je veux dire de liberté de déplacement dans le camp, qui existe chez vous; le camp de Souzdal a le caractère d'une prison, mais tout cela est compensé par un climat incomparablement meilleur, par une nourriture convenable, composée de produits frais, et par le fait qu'on n'est pas retranché du monde. Régime : deux fois par jour, appel; deux promenades de une heure chacune; déjeuner et diner de deux plats; trois fois de l'eau bouillante et une livre de pain noir par jour; plus de deux livres de sucre raffiné, un quart de livre de thé, 400 cigarettes, 4 boites d'allumettes par mois. A ceux qui ont besoin d'une nourriture plus abondante, on donne en supplément, sur attestation du médecin : une livre de pain blanc, une bouteille de lait, deux œufs et 1/8 de livre de beurre par jour. On peut faire venir comme on veut des journaux, des revues, des produits par l'intermédiaire de l'administration; six lettres par mois aux parents; entrevues avec les parents venant de loin 3 jours consécutifs par mois, une heure chaque fois.

Bloch n'est pas seul à penser ainsi, comme le montrent d'autres documents. Voici ce qu'écrit le menchévik Vassiliev transféré à Souzdal :

Je pense que notre but doit être de réaliser ici à Souzdal le régime de Solovietsky... Ainsi la lutte est inévitable, mais en l'entreprenant il faut toujours se rendre nettement compte des résulats auxquels elle peut aboutir... Notre mot d'ordre général est clair : le régime de Solovietsky à Souzdal.

Nous allons voir maintenant ce qu'écrit, au sujet de ce régime du camp, *un groupe de menchéviks géorgiens en réponse à l'enquête organisée par les menchéviks détenus*. On se souvient comment Jordania écrivait à ses agents de rassembler toutes sortes de renseignements sur le « régime en vigueur dans les prisons » et sur les « tortures » auxquelles nous soumettons les menchéviks incarcérés. Voyons donc quelles sont les « tortures » dépeintes par les menchéviks détenus dans le camp. Il s'agit de savoir quelles mesures adopter pour obtenir l'adoucissement du régime des prisonniers : faut-il déclarer la grève générale de la faim, ou même se suicider collectivement pour montrer au monde entier les conditions intolérables faites aux menchéviks dans nos prisons? A ce sujet les menchéviks de Géorgie répondent ainsi :

On peut aussi recourir à ce moyen, c'est-à-dire au suicide momentané ou prolongé (grève de la faim), pour des buts politiques plus restreints, et notamment pour obtenir une modification du régime de la prison. Mais il nous semble que, lorsqu'on lutte par des moyens aussi extrêmes pour des buts de ce genre et avec un tel mot d'ordre, il faut, pour justifier cette lutte devant l'opinion publique, que le régime même de la détention soit jusqu'à un certain point révoltant. Mais, convenez camarades, que le régime d'ici n'est pas tel *dans l'ensemble qu'il faille, sans nécessité spéciale, recourir à la grève de la faim.* A une autre époque, dans une autre situation politique et avec une autre corrélation des forces, les grèves de la faim peuvent être admissibles et rationnelles même si elles sont déclarées pour des bagatelles, comme c'était le cas autrefois... Mais dans l'ensemble, nous le répétons, *le régime ne peut sembler à personne si révoltant que cela. Si, en réponse à notre grève de la faim, on autorisait la commission la plus antisoviétique possible, même composée de socialistes européens, à venir prendre connaissance de notre régime, elle dirait certainement que le régime soviétique et sa justice sont mauvais, mais que dans la prison de Souzdal le régime est tout à fait satisfaisant.*

Après des aveux aussi francs des menchéviks eux-mêmes on peut, croyons-nous, considérer comme entièrement réfutés par ces derniers les mensonges et les calomnies répandues par les délégués étrangers au sujet du régime en vigueur dans nos prisons.

Voilà donc ce qu'il en est de la dernière question.

*
* *

Dressons maintenant le bilan de notre analyse. Ce bilan peut s'établir ainsi :

1° L'U.R.S.S. est exposée maintenant à un danger extrême de l'extérieur; les grands Etats bourgeois se liguent contre elle et s'apprêtent à lui déclarer la guerre. Les gouvernements capitalistes rêvent de la destruction et du renversement du pouvoir soviétique, du rétablissement du pouvoir capitaliste, de la réintégration des capitalistes et des grands propriétaires fonciers, du triomphe de la plus sombre réaction;

2° Dans ces conditions, l'Etat prolétarien doit par toutes les mesures, jusques et y compris les plus rudes et les plus implacables, combattre ceux dont la politique tend à abattre le pouvoir soviétique, ceux qui, par des actes terroristes, des complots et l'espionnage, affaiblissent notre arrière et viennent ainsi en aide aux gouvernements bourgeois qui se préparent à la guerre;

3° Dans la mesure où ils assignent à leur action pratique *le même but* (renversement du pouvoir soviétique), soit en préparant secrètement une insurrection, soit en entretenant des rapports directs avec les gouvernements bourgeois contre-révolutionnaires, soit en procédant à la propagande légale et illégale de leurs idées sur la nécessité de renverser le pouvoir soviétique, les partis politiques menchévik et socialiste-révolutionnaire, qui s'intitulent socialistes, sont pour nous des ennemis à l'égard desquels nous sommes obligés devant les travailleurs de l'U.R.S.S. d'appliquer les mesures les plus rigoureuses sans leur permettre jamais de saper la force intérieure du pouvoir soviétique et son œuvre d'édification;

4° Chez nous les détenus ne sont l'objet d'aucune cruauté spéciale et, s'il se produit des cas isolés de violence, leurs auteurs sont poursuivis et punis. Là où il est possible d'éviter une répression sévère, de la remplacer par des mesures plus douces, y compris le bannissement à l'étranger ou l'échange contre des communistes emprisonnés en Europe occidentale, nous ne nous refusons jamais à ces atténuations de peines. Seuls, des fous ou des menteurs et des hypocrites peuvent considérer comme déloyales des mesures qui, arrachant à la vindicte capitaliste des ouvriers révolutionnaires, donnent en même temps aux menchéviks et aux s.-r. la possibilité d'obtenir la liberté et de séjourner à l'étranger au lieu de rester dans les prisons soviétiques. Et si les menchéviks et les s.-r. n'y consentent pas, c'est qu'ils ont pour cela d'autres raisons, qu'ils jugent bon de dissimuler;

5° Les derniers faits de l'activité des menchéviks, en particulier l'article de Kautsky et la lettre de Jordania, montrent qu'au moment où les relations internationales se tendent à l'extrême, où l'U.R.S.S. est menacée de la guerre et de l'intervention étrangère, les menchéviks continuent à se donner pour but de marcher contre l'U.R.S.S. aux côtés des interventionnistes et des rapaces capitalistes bourgeois.

Voilà ce que nous jugeons nécessaire de dire ouvertement devant les ouvriers et les travailleurs d'Occident, et nous sommes convaincus que les masses laborieuses d'Occident, qui supportent tout le poids du régime bourgeois et gémissent dans les fers et l'esclavage du capital, seront avec nous et non avec les menchéviks et les s.-r., qu'elles nous aideront à défendre notre pays et à lutter pour le triomphe de la révolution communiste et le renversement du joug du capital dans le monde entier.

IMPRIMERIE CENTRALE
5, rue Erard, 5
Paris-XII°

Extrait du Catalogue

Auteur	Titre	Prix
N. ANTOCHKINE	L'organisation et la situation des employés en Russie	1
N. BOUKHARINE	La situation extérieure et intérieure de l'U.R.S.S.	1 50
N. BYKHOVSKY	Les assurances sociales	1 25
CHAUVEL, GUERBOIS, LE BIGOT	Ce que nous avons vu en Russie	2
N. I. KALININE	Que fait le pouvoir soviétique pour réaliser la démocratie?	1
S. KAPLOUN	La protection du travail	1 50
LIBAERS	Quinze jours en Russie soviétique	0 75
Dr. MONTANDON	Deux ans chez Koltchak et les Bolchéviks	15
V. SARABIANOV	Pourquoi la Nep ?	1 50
X. X. X.	En Russie soviétique	2
—	La Russie (Rapport des Trade-Unions)	9
—	Huit ans de pouvoir soviétiste	2 50

IMPRIMERIE CENTRALE, 5, rue Erard, Paris (XIIe)

N° 1113

www.ingramcontent.com/pod-product-compliance
Lightning Source LLC
LaVergne TN
LVHW050215180726
843501LV00012BA/1770

* 9 7 8 2 3 2 9 6 7 2 0 6 9 *